BEI GRIN MACHT SICH IHR WISSEN BEZAHLT

- Wir veröffentlichen Ihre Hausarbeit, Bachelor- und Masterarbeit

- Ihr eigenes eBook und Buch - weltweit in allen wichtigen Shops

- Verdienen Sie an jedem Verkauf

Jetzt bei www.GRIN.com hochladen und kostenlos publizieren

Bibliografische Information der Deutschen Nationalbibliothek:

Die Deutsche Bibliothek verzeichnet diese Publikation in der Deutschen Nationalbibliografie; detaillierte bibliografische Daten sind im Internet über http://dnb.d-nb.de/ abrufbar.

Dieses Werk sowie alle darin enthaltenen einzelnen Beiträge und Abbildungen sind urheberrechtlich geschützt. Jede Verwertung, die nicht ausdrücklich vom Urheberrechtsschutz zugelassen ist, bedarf der vorherigen Zustimmung des Verlages. Das gilt insbesondere für Vervielfältigungen, Bearbeitungen, Übersetzungen, Mikroverfilmungen, Auswertungen durch Datenbanken und für die Einspeicherung und Verarbeitung in elektronische Systeme. Alle Rechte, auch die des auszugsweisen Nachdrucks, der fotomechanischen Wiedergabe (einschließlich Mikrokopie) sowie der Auswertung durch Datenbanken oder ähnliche Einrichtungen, vorbehalten.

Impressum:

Copyright © 2017 GRIN Verlag
Druck und Bindung: Books on Demand GmbH, Norderstedt Germany
ISBN: 9783668661660

Dieses Buch bei GRIN:

https://www.grin.com/document/414653

Madeleine Tran

Zusammenhang zwischen frühkindlichem Bindungsstil und partnerschaftlichen Beziehungen im Erwachsenenalter

GRIN Verlag

GRIN - Your knowledge has value

Der GRIN Verlag publiziert seit 1998 wissenschaftliche Arbeiten von Studenten, Hochschullehrern und anderen Akademikern als eBook und gedrucktes Buch. Die Verlagswebsite www.grin.com ist die ideale Plattform zur Veröffentlichung von Hausarbeiten, Abschlussarbeiten, wissenschaftlichen Aufsätzen, Dissertationen und Fachbüchern.

Besuchen Sie uns im Internet:

http://www.grin.com/

http://www.facebook.com/grincom

http://www.twitter.com/grin_com

Zusammenhang zwischen frühkindlichem Bindungsstil und partnerschaftlichen Beziehungen im Erwachsenenalter

Hausarbeit im Fach Psychologie –
3. Semester Medienmanagement,
Hochschule Magdeburg-Stendal

Datum: 23.Juni 2016

Madeleine Tran

Inhaltsverzeichnis

1. Einleitung... 3
2. Falldarstellung Sabine H.. 3
3. Literaturdurchsicht... 6
4. Vergleich Theorie vs. Praxis...10
5. Fazit und Aussicht.. 11
6. Literaturliste..12

Wer von Angst getrieben ist, vermeidet das Unangenehme, verleugnet das Wirkliche und verpasst das Mögliche.

Heinz Bude (2014)

1. Einleitung

Warum beobachten wir einerseits Paare, die in einer langfristigen und vertrauensvollen Beziehung leben und nichts an ihrer Selbstbestimmung verlieren? Und wundern uns wiederum über Andere, die sich als eigenständiges Individuum in ihren Partnerschaften aufzulösen scheinen und Probleme haben sie aufrechtzuerhalten, obwohl sie sich Partnerschaften so sehr wünschen. Und wie weit spielen die ersten Bindungen, die wir in der frühkindlichen Phase zu unseren ersten Bezugspersonen aufbauen noch in Partnerschaften im Erwachsenenalter eine Rolle?
Diesen Zusammenhang möchte ich näher anhand eines Fallbeispiels beleuchten und meine Analyse auf die entwicklungspsychologische Perspektive ausrichten. Dafür werde ich zunächst das Fallbeispiel von Sabine vorstellen, während ich mich in der Darstellung vor allem auf ihre aktuelle Beziehung konzentriere. Auf ihre vorangegangenen Beziehungen nehme ich nur kurz Bezug. Um einen Zusammenhang zwischen ihrem Verhaltensmuster in ihren Beziehungen im Erwachsenenalter herstellen zu können, werde ich zudem auch ihre Erzählungen aus der frühkindlichen Phase zusammenfassen, die zum Teil von ihren Eltern an Sabine überliefert wurden. Anschließend unternehme ich den Versuch, meine Falldarstellung mit Hilfe von wissenschaftlicher Literatur zu analysieren. Dazu bediene ich mich Theorien aus der Entwicklungspsychologie zum Thema Bindung, Bindungsstile und Liebesstile, die ich zuvor darstellen werde. Abschließend möchte ich meine, in der Einleitung vorangestellten, Fragen beantworten und den Versuch unternehmen für das in der Analyse diagnostizierte Problem von Sabine einen Blick in Zukunft zu wagen.

2. Falldarstellung Sabine H.

Sabine stammt aus dem weiteren Kreis meiner Bekannten und ich kenne Sabine schon seit einigen Jahren. Wir sprachen schon einige Male über Beziehungen und von ihren Erzählungen habe ich über die Jahre schon einiges darüber mitbekommen.
Anhand ihres Beispiels fällt mir auf, dass ihre Partnerschaften alle sehr ähnlich verlaufen und nach einem wiederkehrenden Muster zerbrechen. Aus dieser Auffälligkeit heraus, sprach ich erneut mit ihr zum Anlass dieser Arbeit und fragte nach ihrem Einverständnis, sie in meinem Fallbeispiel zu beschreiben. Aus der Motivation heraus, etwas Aufklärung für sich zu bekommen, erklärte sie sich einverstanden. Ich befragte sie in mehreren Gesprächen zu ihrer

Kindheit, ihren Beziehungen, speziell wie die jetzige Beziehung verlaufen ist und wie es ihr aktuell darin geht. Ihre Falldarstellung resultiert aus diesen Gesprächen.

Biographischer Hintergrund

Sabine ist 32 Jahre alt. Sie wuchs im ländlichen Raum Kind einer typischen Mittelschichtsfamilie auf, wie sie selbst sagt. Ursprünglich hat sie Grafikdesign studiert, doch für den Studienabschluss brauchte sie sehr lange. Danach konnte sie sich nicht wirklich auf einen Beruf festlegen, probierte etliches aus und hangelte sich mit Aushilfsstellen von Job zu Job. Ansonsten steht sie dem Leben etwas unsicher gegenüber - wusste lange nicht recht, wo sie hingehört und fühlt sich „orientierungslos im Leben", wie sie mehrfach in unserem Gespräch sagt. Das liege wohl daran, dass sie oft an sich zweifelt und so nichts zutraut und das Meiste dann nicht anfängt oder beendet. Sie glaubt nur durchschnittlich in allen Dingen zu sein und traut sich nicht, Dinge auszuprobieren, um selbst nicht enttäuscht von sich zu sein.

Aktuelle Beziehung

Heute lebt Sabine in Berlin und seit über einem Jahr ist sie in der Beziehung mit Jan. Sie berichtete mir, dass es mehrere Monate sehr gut mit ihm lief - sie genossen Nähe und Intimität und sie fühlte sich gut in dieser Beziehung.
Sie beschrieb, dass sie sich sehr verbunden fühlten in ihrer Beziehung und glücklich waren. In dieser Zeit entwickelte sie sich auch als freiberufliche Grafikerin weiter. Jan war sehr stolz und brachte ihren beruflichen Start mit ein paar Aufträgen voran. In seinem Bekanntenkreis brachte sie sich stark ein, da es ihr sehr wichtig war, was sie von ihr hielten.
Sie wollte sich immer schon als Künstlerin sehen, doch erst als sie ihren Freund hinter sich wusste, glaubte sie richtig daran. Sie berichtete, dass sie durch ihn wieder anfing richtig kreativ zu sein. Ohne Jan hätte sie den Mut nicht gehabt, ihren Aushilfsjob aufzugeben, um als Freelancer erfolgreich zu sein. Doch Sabine gab im Weiteren zu, dass sie sich auch abhängig von ihrem Freund fühlt. Ohne ihn verspürt sie Langeweile und ist etwas orientierungslos, noch schlimmer wäre es, wenn er nicht gut drauf ist, dann verspüre sie sogar tiefes Unbehagen und Zweifel, die sie immer wieder auf sich selbst oder die Beziehung beziehen würde. Sabine versucht sich im Alltagsleben ihrer Beziehung oftmals nach ihrem Freund zu richten. Sie berichtet, dass sie alles gemeinsam machen und sie durch ihren Freund vieles entdeckt, was ihr auch gefällt. Auch tut sie vieles, um ihm rein äußerlich zu gefallen. Deswegen hatte sie sichtlich abgenommen, weil sie Angst hatte, dass er sie nicht mehr attraktiv finden könnte und sie wegen eine dünnere verlassen könnte. Fühlt sie ihre Beziehung manchmal sogar bedroht von den Frauen im Bekanntenkreis oder wenn er Unternehmungen ohne sie macht, hatte sie im Gespräch zugegeben. Auch, dass sie sehr eifersüchtig ist und das Gefühl hat, die Beziehung nach außen verteidigen zu müssen. Das Thema Sex würde in ihrer Beziehung auch eine wichtige Rolle spielen. Sie erzählte mir, dass sie gern öfter welchen hätte, denn dann kann sie ihrem Freund nah sein und sich attraktiv fühlen. Wenn er ausbleibt, fühlt sie sich unattraktiv und zweifelt an seiner Liebe. Daher ist sie auch ständig auf die Liebesbekundungen ihres Freundes angewiesen.

Aktuell ist Sabine stark verunsichert, dass es nicht gut läuft. Soll sich ihr Freund zunehmend bedrängt fühlen von ihrem Wunsch nach Aufmerksamkeit. Sabine erzählte mir von seinem Vorwurf, sie hätte seinen Freundeskreis für sich eingenommen und er könne sie nicht mehr ohne Sabine treffen. Mittlerweile kann sie sich deshalb nicht mehr gut konzentrieren und vernachlässigt sich selbst und ihre Arbeit. Sie erzählte mir, dass ihr Freund zu präsent in ihrem Kopf sei. Je schlechter es mit ihm läuft, desto weniger kann Sabine an etwas anderes denken. Ihr Freund zieht sich zunehmend in sich zurück und sie hat das Gefühl nicht mehr an ihn heranzukommen. Jedes Mal würden ihre Beziehungen so verlaufen. Sie versinkt immer wieder in starken Selbstzweifel und fühlt sich nicht genügend gesehen, beachtet und letzten Endes immer wieder ungeliebt.

Bisherige Beziehungen

Mittlerweile ist sich Sabine ihrem starken Bindungsbedürfnis bewusst, eine Partnerschaft steht für sie im Fokus. Sie gestand mir, dass sie in ihrem Singledasein die meisten Gelegenheiten genutzt hat, ihre sexuellen Affären an sich zu binden, weil sie sich immer schnell verliebt hat. Wenn das nicht klappte, verunsicherte sie das und sie fühlte sich unvollständig. Sie erzählte, dass sie in Gesellschaft sein möchte und sich nach Geborgenheit sehnt. Sabines besaß schon seit damals den unbedingten Willen, sich fest zu binden, weswegen sie früh begann, Beziehungen zu Jungs zu haben. Seitdem hatte sie mehrere Partnerschaften, die ähnlich verliefen und scheiterten.

Frühkindliche Phase

Um zu verstehen, Sabines frühkindliche Beziehung zu ihren ersten Bezugspersonen ihre partnerschaftliche Beziehung als Erwachsene prägen, möchte ich mich im Folgenden der Kindheit von Sabine widmen. Im Vordergrund steht in dieser Phase die Bindung zu unseren ersten Bezugspersonen, unseren Eltern - bei Sabine speziell die Mutter.

Sabine erzählte, dass sie zu Hause sehr im Fokus stand - als Einzelkind bekam sie alle Aufmerksamkeit. Sie betonte wie stark das Verhältnis zur Mutter war und dass sie die Mutter sehr fixierte. Das machte sie daran fest, dass die Mutter nie weg gehen konnte, ohne dass sie als Baby nicht außer sich vor Weinen war, wollte sie nicht einmal beim Vater bleiben. Teilweise wurde sie sogar krank und bekam auf Knopfdruck Fieber, wenn die Mutter weg musste. Das war sehr lange ein alltägliches Problem, immer wieder wenn sie in den Kindergarten gebracht wurde oder in den Hort der Schule. Weiterhin berichtete sie, dass ihre Mutter sie sehr früh schon mit 5 Monaten in die Kinderkrippe geben musste, weil sie aus beruflichen Gründen nicht länger in den Mutterschutz konnte. Sabines Unbehagen jeden Morgen, wenn sie in den Kindergarten gebracht wurde, war in ihren Erinnerungen noch sehr wach. Sabine erinnerte sich, wie unwohl sie sich im Früh-Hort dann immer gefühlt hat und zur Mutter zurück wollte. Deswegen hatte sie sich dort größtenteils zurückgezogen. An die anderen Kinder dort erinnert sie sich dagegen kaum. Sabine wollte nicht mit den anderen Kindern spielen und war sehr schüchtern, auch solle sie sehr gefremdelt haben bei den Erziehern. Als Kleinkind bevorzugte sie es eher allein zu spielen. War die Familie zu Besuch bei Freunden oder Verwandten, saß Sabine lange erst nur neben der Mutter und traute sich nicht zu sprechen, obwohl ihr die Menschen gut bekannt waren. Starken Bezug zu ihren Großeltern hatte sie nicht. Nach ihrer Erinnerung war auch auffällig, dass sie jede Nacht bis zum 11. Lebensjahr bei ihrer Mutter am Bett schlief. Der Vater wollte das nicht tolerieren, so wartete sie jede Nacht solange bis er schlief, um sich dann ins elterliche Schlafzimmer zu schleichen. Erst dann konnte sie beruhigt einschlafen. Weiterhin berichtet Sabine mir, dass sie von ihren Eltern eher als anstrengendes Baby beschrieben wird. So schrie und weinte sie sehr viel, vor allem in der Nacht. Ihre Eltern waren in der Zeit überfordert mit ihr - arbeitete der Vater in Schichten und soll dadurch jede Nacht nicht in den Schlaf gekommen sein, da Sabine bis in den Morgen geschrien hat. Ihr Vater, der immer sehr viel strenger gewesen sein soll, wollte Sabine disziplinieren und ließ sie die ganze Nacht schreien. Oft soll es Streit zwischen beiden gegeben haben, da ihre Eltern sehr unterschiedlich gewesen sein sollen und andere Erziehungsansätze hatten.

Wenn Sabine ihre Beziehungen beschreibt, fällt sofort auf, dass ihre Probleme wiederkehrend in jeder Beziehung eine Rolle spielen. Viel mehr noch, sind sie immer wieder der Grund, woran ihre Beziehungen offensichtlich scheitern. Ich wundere mich, wie ihre Partner, laut ihrer Aussage, immer wieder dasselbe abwendende Verhalten zeigen und stelle die These auf, dass ihre übermäßige Fixierung bedingt durch Verlustängste eine zentrale Rolle für die Abkehr ihrer Partner darstellt. Obwohl sie immer wieder so viel Kraft hineinsteckt, um die Beziehungen aufrechtzuerhalten, scheint das nicht zu funktionieren und sie zerbrechen immer wieder aus denselben Gründen.

Um dem Zusammenhang zwischen den wiederkehrenden Beziehungsmuster im Erwachsenenalter und ihrer frühkindlichen Erfahrungen auf den Grund zu gehen, werde ich mich nun der wissenschaftlichen Literatur bedienen.

4. Literaturdurchsicht

Bindungstheorie
Um mich der Frage zu nähern, worin diese wiederkehrenden Beziehungsmuster ihren Ursprung haben, möchte ich mir die Zeit genauer anschauen in der Menschen ihre ersten Beziehungen eingehen. In der frühkindlichen Phase, von 0 bis 3 Jahren, sind das Entwickeln von Bindungen und das Lernen von Bindungsverhalten der wichtigste soziale Erwerb in unserem Leben. Die erste Beziehung entwickelt ein Säugling in der Regel zur Mutter oder einer anderen Hauptbezugsperson. Sie bietet dem Kind Schutz, Trost und Fürsorge (David Meyers 2014).
Diese erste Bindung definiert Bowlby (2011, zitiert nach Lengning/Lüpschen 2012) demnach als „eine enge, länger andauernde Beziehung zu bestimmten Menschen, die nach Möglichkeit sowohl Schutz bieten als auch unterstützend wirken, wenn das Kind verunsichert oder traurig ist und dem Kind helfen, seine Emotionen zu regulieren".

Nach Crowell und Waters (1994, zitiert von Meyers 2014) gibt eine Bindung Stärke. Worte oder Taten geben uns Zuversicht und Kraft: „Ich bin da. Mein Interesse gilt dir. Komme, was da kommen mag, ich unterstütze dich".

Nach Bowlby (2011, zitiert nach Lengning/Lüpschen 2012) dient Bindung dazu, physische und psychische Kontakt herzustellen und aufrecht zu erhalten. Aus diesem Grund sieht er Bindung also nicht als Schwäche, sondern als eine Fähigkeit.
In dem Buch wird weiter beschrieben, wenn sich das Kind durch die Anwesenheit der Bezugsperson sicher fühlt und sich gewiss sein kann, mit ihr in Kontakt zu stehen, ist es ihm möglich zu spielen und seine Umwelt zu erkunden (Sroufe/Waters 1977, zitiert nach Lengning/Lüpschen 2012). Spielen und mit Neugier die Welt zu erkunden setzt zunächst Vertrauen in die Eltern voraus. Bindung zu den Eltern schafft somit Sicherheit, damit Neues erkundet werden kann und bietet gleichzeitig das Fundament dafür Wissen aufzunehmen (vgl. Bretherton 2011, zitiert nach Lengning/Lüpschen 2012).

Jedoch kann man bei Säuglingen und Kleinkindern unterschiedliches Spiel- und Explorationsverhalten beobachten.

Woran kann das liegen?

Diese Frage beantwortete die Bindungsforscherin Ainsworth 1978 in ihrer Studie „fremde Situation", in der sie die Bindungsstile von Kleinkindern zu ihren Müttern untersuchte. Sie fand heraus, dass es unterschiedliches Bindungsverhalten gibt.

Bindungsstile

Der Versuch wurde in einem Labor durchgeführt in dem ein Kinderzimmer integriert war. Untersucht wurde die Interaktion von Müttern mit ihren Kindern in dieser fremden Umgebung/Situation. Der Versuchsablauf unterteilt sich in acht Episoden in der bis zu drei Minuten das Bindungsverhalten des 12 bis 18 Monate alten Kindes durch eine zweimalige kurze Trennung von der Mutter in fremder Umgebung aktiviert und nach der Wiedervereinigung mit der Mutter untersucht wurde.

Lengning/Lüpschen (2012) beschrieben die empirische Studie von Ainsworth (et al. 1978) ausführlich in ihrem Buch. Für diese Arbeit möchte ich den Versuch kurz zusammenfassen:

1. Die Mutter, als Bezugsperson, und das Kind betreten das Spielzimmer.
2. Sie akklimatisieren sich und das Kind kann den ungewohnten Raum erkunden.
3. Eine fremde Person, als Testperson, tritt ein und nimmt mit Mutter und Kind Kontakt auf.
4. Die Mutter geht und die Fremde bleibt mit dem Kind zurück.
5. Die Mutter kehrt zurück und die Fremde geht.
6. Die Mutter verlässt wieder den Raum, aber das Kind bleibt alleine zurück.
7. Die fremde Person kommt hinzu.
8. Die Mutter erscheint und die Fremde geht.

Aus den Beobachtungen konnte Ainsworth drei Bindungsstile ableiten.

1. Sicher gebundenes Verhalten:
   Circa 60-70 Prozent der beobachteten Kinder zeigten sicheres Bindungsverhalten, dass sich durch unbefangenes Spielen und Explorieren der Umgebung der Kinder äußerte. Verließ die Bezugsperson den Raum reagieren die Kinder unruhig und suchten nach ihr. Sie ließen sich jedoch von der Testperson trösten und setzten das Spielen fort. Kam die Bezugsperson zurück, reagierten die Kinder mit Freude und suchten ihren Kontakt.

2. Unsicher vermeidend gebunden:
   Vermeidend gebunden Kinder, circa 15 Prozent, vermieden auffällig den Kontakt zur Bezugsperson. Sie kompensierten den daraus resultierenden Stress indem sie sich primär mit dem Spielzeug beschäftigen. Jedoch zeigten sie keinen besonders regen Spieltrieb, verglichen mit den sicher gebundenen Kindern. Sie zeigten auch keine sonderliche Reaktion auf die Testperson, spielten eher auffallend oft für sich allein. Zudem zeigten sie keine merkliche Reaktion beim Verlassen der Bezugsperson. Bei der Wiederkehr bemerkten sie diese kaum oder zeigten Ablehnung durch Ignorieren.

3. Unsicher ängstlich-ambivalent gebunden:
   Circa 10-15 Prozent der Kinder zeigten widersprüchliches und anhängliches Verhalten gegenüber der Bezugsperson. Bei der Trennung weinten sie oder zeigten aggressives Verhalten. Durch die Testperson waren sie kaum zu beruhigen. Bei Wiederkehr der

Bezugsperson zeigten sie ambivalentes Verhalten indem sie klammerten und aggressiv-abweisend waren. Auch die Bezugsperson konnte sie nur schwer beruhigen. Ebenfalls wie die unsicher Vermeidenden zeigten sie einen verringerten, explorierenden Spieltrieb und blieben in der Nähe der Mutter.

Die Ergebnisse von Ainsworth und auch anderen Forschern verdeutlichen, dass die Kinder von einfühlsamen und aufgeschlossenen Müttern, die beobachteten, was ihr Baby tat und angemessen darauf reagierten, ein sicheres Bindungsverhalten zeigten. Diese Kinder vertrauten darauf, dass die Mutter nicht falsch reagieren und zurückkommen wird. Meyers (2014) beschreibt die Erkenntnisse von Erik Erikson, dass Kinder mit sicheren Bindungsverhalten positiv dem Leben gegenüberstehen und ein gewisses Grundgefühl von Urvertrauen ausprägen, was ihnen ermöglicht, die Welt als vertrauenswürdig und verlässlich anzusehen (1983, zitiert nach Meyers 2014). Den Nährboden dieses Urvertrauens sieht er nicht nur im positiven Umfeld oder in den genetischen Eigenschaften, sondern in der Art, wie Eltern mit dem Säugling umgingen. So besitzen, seiner Theorie nach, Kinder von einfühlsamen und liebenden Eltern, eher eine vertrauensvolle als furchtsame Grundhaltung, die sie ihr Leben lang beibehalten (1983, zitiert von Meyers 2014). In der ersten Bindung zwischen Kind und erster Bezugsperson wird somit der Grundstein für Vertrauen in sich selbst, dem Gefühl von Selbstwert als auch von Selbstwirksamkeit gelegt.

Hingegen zeigten Kinder von wenig aufgeschlossenen, wenig einfühlsamen Müttern und denen, die sich nur um ihr Kind kümmerten, wenn ihnen danach zu Mute war, es aber ansonsten ignorierten, häufig ein unsicheres Bindungsverhalten.
Die unsicher vermeidend gebundenen Kinder entwickelten aufgrund der Ignoranz der Mutter, die Erwartungshaltung, dass ihre Bedürfnisse grundsätzlich abgelehnt werden und sie keinen Anspruch auf Zuneigung und Unterstützung haben, daher schützten sie sich vor der zu erwartenden Ablehnung mit Vermeidung der Beziehung.
Unsicher ambivalent-ängstlich gebundene Kinder konnten das ambivalente mütterliche Verhalten schwer einschätzen. Die Kinder erlebten sie als unberechenbar, daher wird die Mutter von ihnen auch so repräsentiert (vgl. Bowlby 1988; Fremmer-Bombik 2011, zitiert nach Lengning/Lüpschen 2012). Aus dieser Unsicherheit heraus waren sie permanent mit dem Versuch beschäftigt, die Mutter zu lesen und sich an sie anzupassen. Aufgrund dessen konnten sie sich nicht mehr auf ihr Explorieren konzentrieren und schränkten das Erkunden ein. Da auf die mütterliche Fürsorge kein stetiger Verlass war, konnten sie grundsätzlich keine positive Erwartungshaltung entwickeln und so standen sie dem Fremden ängstlich gegenüber (De Wolff und van Ijzendoorn 1997, zitiert von Meyers 2014).
Lengning/Lüpschen (2012) konkretisieren dies, indem sie das Verhalten von Bezugspersonen ambivalent-ängstlicher gebundenen Kinder als ambivalent beschreiben, so sind sie dem Kind gegenüber in manchen Situationen unterstützend, während sie in anderen wichtigen Situationen nicht für sie da sind.

In dem Maß, wie wir heranwachsen und uns entwickeln, verlagert sich das Bindungsverhalten von den Eltern auf die Partner (Cassidy und Shaver 1999, zitiert nach Arnold Lohaus/Marc Vierhaus 2013). Demnach gibt es auch unterschiedlichen Bindungsqualitäten in Beziehungen im Erwachsenenalter (Hazen & Shaver (1987, zitiert nach Arnold Lohaus/Marc Vierhaus 2013). Somit tragen die Erkenntnisse über Bindungsstile dazu bei, Bindungsmuster im Erwachsenenalter zu verstehen. Diese Beziehungen können so entweder Züge von sicherer Bindung haben, Züge von unsicherer Bindungsvermeidung oder Züge von unsicherer Bindungangst aufweisen (Feeney und Noller 1990; Shaver und Mikulincer 2007, zitiert nach Arnold Lohaus/Marc Vierhaus 2013).

Aktueller Stand der Forschung ist, dass unser frühes Bindungsverhalten die Grundlage für unsere Beziehungen im Erwachsenenalter ist, denn es bestimmt die Art wie wir Intimität erleben (Birnbaum et al. 2006; Fraley 2002, zitiert nach Meyers 2014).

Doch legt es nicht nur den Grundstein dafür, wie wohl wir uns in Beziehungen fühlen, sondern beeinflusst weitaus mehr. Je näher ich mich mit der Bindungstheorie befasst habe, desto mehr erstaunte mich diese Theorie. So begegnet sie uns mit Sicherheit öfter im Leben, wenn wir nach Antworten über uns und unsere Beziehungen auf die Suche gehen. Sie bestimmt nicht nur die Art und Weise, wie wir Partnerschaften führen, sondern auch wie wir soziale Beziehungen eingehen, mehr noch, sie beeinflusst wie wir denken, fühlen und die Welt erleben:

Nach Bowlby (1973, zitiert nach Lengning/Lüpschen 2012) ist das Bindungssystem ein internales Arbeitsmodell, dass ein Bild des Selbst und ein Bild der anderen verinnerlicht.

Die unsichere Bindung kennzeichnen negative Bilder des selbst und der anderen (Ainsworth et al. 1985, zitiert nach Lengning/Lüpschen 2012). So beeinflusst der Bindungsstil inwieweit die Person sich als liebenswert und attraktiv für andere findet und inwieweit sie andere Menschen als vertrauenswürdig und zugänglich sieht (Lengning/Lüpschen 2012).

Peterson, Stahlberg & Frey (2006, zitiert nach Arnold Lohaus/Marc Vierhaus 2013) haben das Konzept noch erweitert, indem sie sich auf das gesamte Selbstwertgefühl beziehen: Demnach hängt das Selbstwertgefühl vor allem mit der Bindungsangst zusammen.

So beeinflusst der Bindungsstil, wie wir auf Menschen zugehen und mit ihnen in Beziehung treten. Doch viel mehr noch schafft unser Bindungsverhalten den Nährboden für Urvertrauen. Meyers beschreibt Erik Eriksons (1983, zitiert von Meyers 2014) Feststellung, dass Kinder mit sicheren Bindungsverhalten positiv dem Leben gegenüberstehen und ein gewisses Grundgefühl von Urvertrauen ausprägen, was ihnen ermöglicht, die Welt als vertrauenswürdig und verlässlich anzusehen. So besitzen, seiner Theorie nach, sicher gebundene Kinder, eher eine vertrauensvolle als furchtsame Grundhaltung, die sie ihr Leben lang beibehalten (Erikson 1983, zitiert von Meyers 2014).

In der ersten Bindung zwischen Kind und erster Bezugsperson wird somit der Grundstein für Vertrauen in sich selbst, dem Gefühl von Selbstwert als auch von Selbstwirksamkeit gelegt.

Nach Elliot und Reis (2003, zitiert von Meyers 2014) schlägt sich der Bindungsstil sogar auf die Motivation nieder. Meyers (2014) stellt ihre Erkenntnisse im Zusammenhang dar: Sicher gebundene Menschen haben weniger Angst vor Misserfolg, Bindungsängstliche hingegen haben einen geringeren Antrieb, ihre Ziele zu erreichen, da die Angst zu scheitern viel größer ist und viel persönlicher genommen wird.

Diese Erkenntnisse dienen jedoch nur der vollständigen Erklärung aller bindungsbezogenen Zusammenhänge, die in der Darstellung von Sabines partnerschaftlichen Verhalten eine Rolle spielen. Eine direkte Erklärung für die Art, wie sie Partnerschaften eingeht, bietet die Theorie der Liebesstile.

Liebesstile
Die direkte Brücke im Zusammenhang zwischen frühkindlicher Bindung und späteren Partnerschaften schlagen die Liebesstile nach Lee. Erst wenn man diesen engen Zusammenhang versteht, erkennt man inwieweit Partnerschaften vom Bindungsstil definiert sind.

John Alan Lee unterscheidet sechs Einstellungen zur Liebe, die verschiedene Beziehungstypen beschreiben (1973, zitiert nach Arnold Lohaus/Marc Vierhaus 2013).

Arnold Lohaus und Marc Vierhaus machen den Zusammenhang zwischen Bindungsstil und Liebesstil deutlich: Eine sichere Bindung ist gekennzeichnet durch die Liebesstile Eros und Agape - die romantische und die altruistische Liebe - und einem niedrigen Maß an Ludus - die spielerische Liebe. Die ängstlich-ambivalente Bindung ist stark von Mania - die besitzergreifende Liebe - geprägt (Bierhoff, Grau & Ludwig 1993; Levy & Davis 1988, zitiert nach Arnold Lohaus/Marc Vierhaus 2013).

Da der Liebesstil Mania im weiteren Verlauf der Arbeit von Bedeutung sein wird, werde ich mich bei der Darstellung von Beziehungstypen allein darauf beschränken.
Maia ist durch eine übermäßige gedankliche Beschäftigung mit dem Partner gekennzeichnet (Arnold Lohaus/Marc Vierhaus 2013). Das eigene Wohlbefinden von Bindungsängstlichen ist stark vom Zustand der Beziehung abhängig (Neumann und Bierhoff (2004, zitiert nach Arnold Lohaus/Marc Vierhaus 2013). Aus ihren Verlustängsten heraus, versuchen hoch Ängstliche ihre Partner fester an sich zu binden (Neumann und Bierhoff 2004, zitiert nach Arnold Lohaus/Marc Vierhaus 2013). Bindungsangst zeichnet sich demnach durch Unsicherheit aus und dem Gefühl, in der Partnerschaft unzulänglich zu sein. (Brennan, Clark & Shaver 1998 zitiert nach Arnold Lohaus/Marc Vierhaus (2013). Auch Sexualität steht in Verbindung mit der Bindungsangst. Arnold Lohaus/Marc Vierhaus (2013), beschreiben die Studie von Schachner und Shaver, die den Zusammenhang mit den Bindungsstilen und der Einstellung zur Sexualität erkannte: So verbinden Bindungsängstliche die Sexualität mit der Suche nach Bestätigung und dem Wunsch den Partner stärker an sich zu binden, was insbesondere für Frauen gilt.
Aufgrund der starken Belastung der Beziehungen durch ihr besitzergreifendes Verhalten und ihre übersteigerten Ängste, haben bindungsängstliche Partnerschaften wenige Aussichten auf Erfolg (Banse 2003, zitiert nach Arnold Lohaus/Marc Vierhaus 2013).

Vergleich Theorie und Praxis

Im Folgenden möchte ich nun die Bindungstheorie mit der Lebenswirklichkeit von Sabine vergleichen und die Theorie auf ihren Fall anwenden.
Was Ainsworth zu den drei definierten Bindungstypen ausführt, findet sich in der Biografie von Sabine in folgender Weise wieder: Aus ihren Erzählungen wird deutlich, dass sie zum einen sehr auf ihre Mutter fixiert und demnach sehr verunsichert war, wenn sie ihre Mutter nicht in ihrer Nähe wusste. So lässt sich aufgrund ihres Verhaltens darauf schließen, dass Sabine unsicher ambivalent-ängstlich gebunden ist. Ihre narrativen Episoden verdichten die These, dass Sabine mit anklammernden Verhalten an die Mutter ihrem starken Bindungsbedürfnis nachgehen wollte. Das Sichern ihres Bindungsbedürfnisses schien sie daran zu hindern, ihre Umwelt zu entdecken und mit anderen Kindern zu spielen. Sabine war ein Baby mit unvorhersehbaren Verhaltensmustern und intensiven Emotionen, wodurch ihre Mutter eventuell irritiert wurde. Das könnte ihr erschwert haben, zu jedem Zeitpunkt angemessen auf ihr Baby zu reagieren. Auch hatte der Vater einen viel strengeren Umgang mit Sabine. Aus der Uneinigkeit ihrer Eltern, verhielten sie sich wahrscheinlich nicht immer gleich, was ihr Verhalten für Sabine unvorhersehbar machte, die sich auch nichts einstellen konnte. Je nach Qualität der Krippe könnte es, neben anderen Faktoren, auch Einfluss auf die Bindung gehabt haben, dass Sabine sehr früh in die Tagesbetreuung gegeben wurde.
Fortlaufend ihrer Kindheit, ist es für Sabine das Wichtigste, ihr starkes Sicherheitsbedürfnis zu befriedigen. Dieses Bedürfnis war so hoch, dass sie in ihrer Jugend begann, die Bindung zur Mutter mit einer anderen Bindung, wie die zu einem Jungen, zu ersetzen. Auf sie

projizierte Sabine ab nun ihr starkes Bindungsbedürfnis und hatte schon seit jungen Jahren kontinuierlich feste Beziehungen.

Das Verhalten in ihren Liebesbeziehungen ist ein Spiegel des Liebesstils Mania, der mit der unsicheren ambivalent-ängstlichen Bindung in Verbindung steht: Sabines Bindungsangst lässt sie in ihren Partnerschaften intensive Emotionen von tiefer Liebe und Verbundenheit, aber auch tiefer Eifersucht und Angst fühlen - Einerseits wird die Beziehung als wenig glücklich und zufriedenstellend empfunden, ist sie doch stark von Sabines Zweifeln geprägt, andererseits jedoch ist ihr Gefühl der Verbundenheit besonders hoch, denn Sabine identifiziert sich stark mit ihrem Partner und ist bereit viel für ihn zu tun.

Die Intensität ihres Sicherheitsbedürfnisses, macht sie stark vom Zustand der Beziehung abhängig: So hat Sabine den Zwang, den Partner vollkommen einzunehmen, mit ihm zu verschmelzen und zu kontrollieren, um ihn nicht zu verlieren. Aufgrund dieser Verlustängste vernachlässigt sie oft andere Bedürfnisse und Wünsche. Um denen nachzugehen, um sich so entwickeln zu können, muss sie ihr Sicherheitsbedürfnis befriedigt wissen. Hier lassen sich Parallelen zu ihrem kindlichen Bindungsverhalten klar erkennen: So stellte sie auch als Kind schon ihr Explorationsverhalten ein, sobald sie sich nicht mehr sicher fühlte. In Sabines Biografie wird auch erkenntlich, dass sie sich nicht genügend motivieren und ihre Ziele verfolgen kann. So kann sie nicht an sich glauben und befürchtet, sie könne scheitern. Ihrer Bindungsangst zufolge hegt Sabine immer wieder Zweifel an ihrer Partnerschaft: Entweder vermutet sie etwas würde nicht stimmen in der Beziehung oder sie entdeckt Anzeichen für die Untreue ihres Partners. So benutzt sie zum Beispiel Sex als Mittel, um sich in ihrer Partnerschaft bestätigt zu fühlen oder mehr Nähe zu erzeugen, wenn es nicht gut läuft. Sie sieht temporäres sexuelles Desinteresse seitens des Partners als Bestätigung für partnerschaftlichen Gefühlsverlust oder die eigene Unattraktivität. Sie geht davon aus etwas für die Liebe leisten zu müssen, sich verstellen und anpassen zu müssen, denn sie hat nicht das Gefühl, um ihrer selbst willen geliebt zu werden. So gesehen, erkennt sie ihren eigenen Wert nicht und fühlt sich daher auch nicht anerkannt und ausreichend gesehen. So hat Sabine Angst davor, dass sie nur unzureichend für den Partner erscheint. All dies zeigt, wie die Bindungsangst von Sabine, ihre Gefühlswelt und Lebenswirklichkeit beeinflusst: Ihr negatives Bild über sich lässt sie sich als nicht liebenswert und unzureichend fühlen. Ihr negatives Bild über andere spiegelt sich in ihrer grundsätzlichen Skepsis ihrer Umwelt gegenüber wieder, sieht sie Menschen aus ihrem Umfeld teilweise sogar als Bedrohung und empfindet sich selbst in einer Art Verteidigungsposition. Selbst von ihrem Partner rechnet Sabine permanent damit verletzt oder verlassen zu werden. Aus diesen Ängsten und Misstrauen heraus, konnte sie in ihrem Leben höchstwahrscheinlich nur ein geringes Selbstwertgefühl ausbilden, was sich in ihrem fremd ausgerichteten Verhalten und negativen Sichtweisen über die Welt widerspiegelt. Nach Erikson könnte diesem negativen Grundgefühl ein fehlendes Urvertrauen zugrunde liegen. So verlebt sie ein Leben, das von dem Gefühl der eigenen Unzulänglichkeit geprägt ist und mit dem Gefühl sich nicht auf andere Menschen verlassen zu können.

Eine Annahme könnte sein, dass ihre Partner dementsprechend nur dazu da sind, ihre eigenen Unzulänglichkeiten auszugleichen und so sind ihre gesamten Beziehungen bisher gescheitert.

7. Fazit und Aussicht

Meine Fragen, die ich dieser Arbeit voran gestellt habe, lassen sich nun also fundiert mit der Bindungstheorie und noch genauer mit dem Zusammenhang der Liebesstile beantworten. So kann man einerseits Paare beobachten, die als Kinder stabile Bindungen erfahren haben und auch später in einer sicheren Bindung zusammenleben. Diese Beziehungen, in dem Liebesstil

Eros und Agape, zeichnen sich durch einen vertrauensvollen, liebevollen und rücksichtsvollen Umgang miteinander aus. Wiederum kann man andere Menschen beobachten, die aus ihrer unsicheren frühkindlichen Bindung heraus, spätere Beziehungen schwer aufrechtzuerhalten können, da sie sich entweder, ganz im Stile von Ludus, in sexuellen Affären flüchten oder ihre Beziehungen durch Manie und Misstrauen geprägt sind.

Sabines Verhaltensmuster zeigen, dass sich ihr frühkindliches Bindungsverhalten mit derselben Unsicherheit in späteren Erwachsenen-Beziehungen fortsetzte und ihr Bindungsstil stabil geblieben ist. So kommt es, dass sie sich in ihren Partnerschaften immer wieder gleich verhält, denn wie bereits genannt, basiert Bindung auf, in der Kindheit entwickelte, internale Arbeitsmodelle in denen das eigene Bindungsverhalten ebenso repräsentiert sind wie die Reaktionen der Bindungspersonen. Auch wenn Sabine andere Personen trifft, zu denen sie eine neue Bindung aufbaut, verhält sie sich eben nach diesem bereits etablierten Bindungsmodell. Die Bindung zu dieser neuen Person wird also dem bestehenden Bindungsmuster entsprechend angepasst, unabhängig davon, ob es sich bisher als geeignet erwiesen hat und sie es vermeiden will.

Das wiederum kann dazu führen, dass beim anderen bestimmte Verhaltensweisen hervor gebracht werden, die entsprechend Sabines Erwartungen interpretiert werden und sich so als Bestätigung für sie erweist, sodass sich ihr Bindungsmuster immer wieder bekräftigt und festigt.

Doch sind Bindungsmuster nicht unveränderlich, so können sich Lebensumstände verändern, dass sich auch die Qualität der Bindung verändert, auch wenn das nicht stabil sein muss (Bretherton 1985, zitiert nach Lengning/Lüpschen 2012).

Lengning/Lüpschen verweisen dennoch auf eine Reihe von empirischen Studien, die auf eine gewisse Stabilität von Bindungsmustern hinweisen. So ergab die Studie von Sroufe und Waters (1977, zitiert nach Lengning/Lüpschen 2012) bei Kindern, die im unterschiedlichen Alter von 12 und 18 Monaten getestet wurden, zu beiden Messzeitpunkten denselben Bindungsstil zu 96 Prozent. Jedoch sind Langzeitstudien schwer messbar und die meisten Aussagen basieren auf Tests in jüngerem Alter. So kann man nicht mit Sicherheit davon ausgehen, dass Sabines Probleme ihr Schicksal sind und sie für den Rest ihres Lebens manische Beziehungen haben wird, gibt es immer eine Vielzahl von Einflussfaktoren. Wahrscheinlich muss man jedoch von ausgehen, dass die Tendenzen ihrer frühkindlichen Prägung ein Leben lang eine Rolle spielen werden. Doch sich mit der Bindungstheorie und den damit zusammenhängenden Einstellungen auseinanderzusetzen, könnte ein erster Schritt in eine andere Richtung sein.

Literaturliste

Meyers, David G. (2004, 2008, 2014): *Psychologie*, 3.Auflage, Heidelberg: Springer Verlag

Lohaus, Arnold/Vierhaus, Marc (2013): *Entwicklungspsychologie des Kindes- und Jugendalters für Bachelor*, 2.Auflage, Heidelberg: Springer Verlag

Lengning/Lüpschen (2012): *Bindung*, München: Ernst Reinhardt GmbH & CO KG

BEI GRIN MACHT SICH IHR WISSEN BEZAHLT

- Wir veröffentlichen Ihre Hausarbeit, Bachelor- und Masterarbeit

- Ihr eigenes eBook und Buch - weltweit in allen wichtigen Shops

- Verdienen Sie an jedem Verkauf

Jetzt bei www.GRIN.com hochladen und kostenlos publizieren